Impressum
Verlag· RABADADA GmbH, Nedderfeld 112 , 22529 Hamburg
Geschäftsführer / Verlagsleitung: Harald Hof
Druck: Books on Demand GmbH, In de Tarpen 42, 22848 Norderstedt

Imprint
Publisher: BABADADA GmbH, Nedderfeld 112 , 22529 Hamburg, Germany
Managing Director / Publishing direction: Harald Hof
Print: Books on Demand GmbH, In de Tarpen 42, 22848 Norderstedt

# school
# dibistan

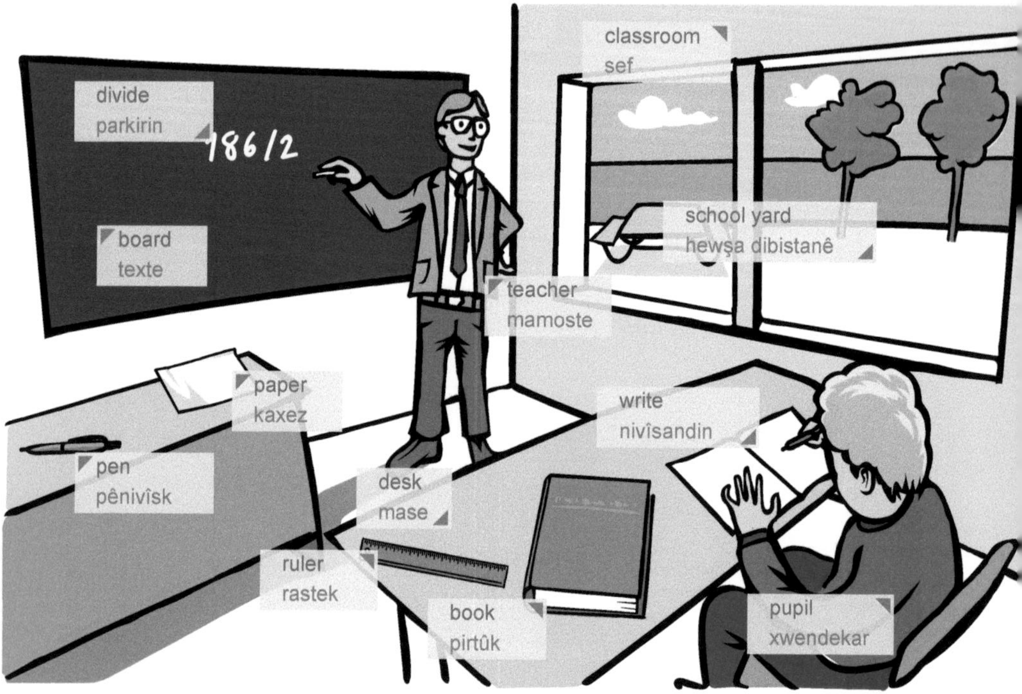
classroom
sef
divide
parkirin
186/2
board
texte
school yard
hewşa dibistanê
teacher
mamoste
paper
kaxez
write
nivîsandin
pen
pênivîsk
desk
mase
ruler
rastek
book
pirtûk
pupil
xwendekar

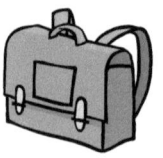

satchel
çewal

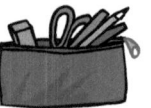

pencil case
qûtî nivîstok

pencil
qelemrisas

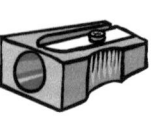

pencil sharpener
nivîstok tûjkir

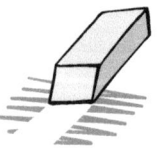

rubber
jêbir

drawing pad
nivîska nîgarê

drawing

nîgar

paintbrush

firçeya rengê

paint box

qûtî reng

scissors

meqes

glue

lezaq

exercise book

pirtûka fêrbûn

homework

wezîfa malê

number

hejmar

add

zêdekirin

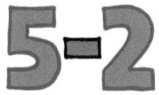

subtract

derxistin

multiply

zêdekirin

calculate

hesibandin

letter

tîp

alphabet

alfabe

word

peyv

text
nivîsê

read
xwandin

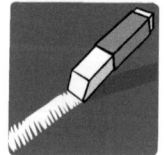

chalk
geç

lesson
ders

register
qeydkirin

examination
îmtîhan

certificate
şehade

school uniform
kinca dibistanê

education
perwerdehî

encyclopedia
zanistname

university
zanîngeh

microscope
mîkroskûp

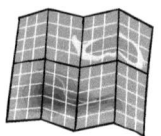

map
xerîte

waste-paper basket
sepeta kaxezê

# travel
# rêwêtî

hotel
mêvanxane
Grand
hostel
mêvanxane
ROOMS
currency exchange office
ofîsa pere veguhartinê
car
maşîn


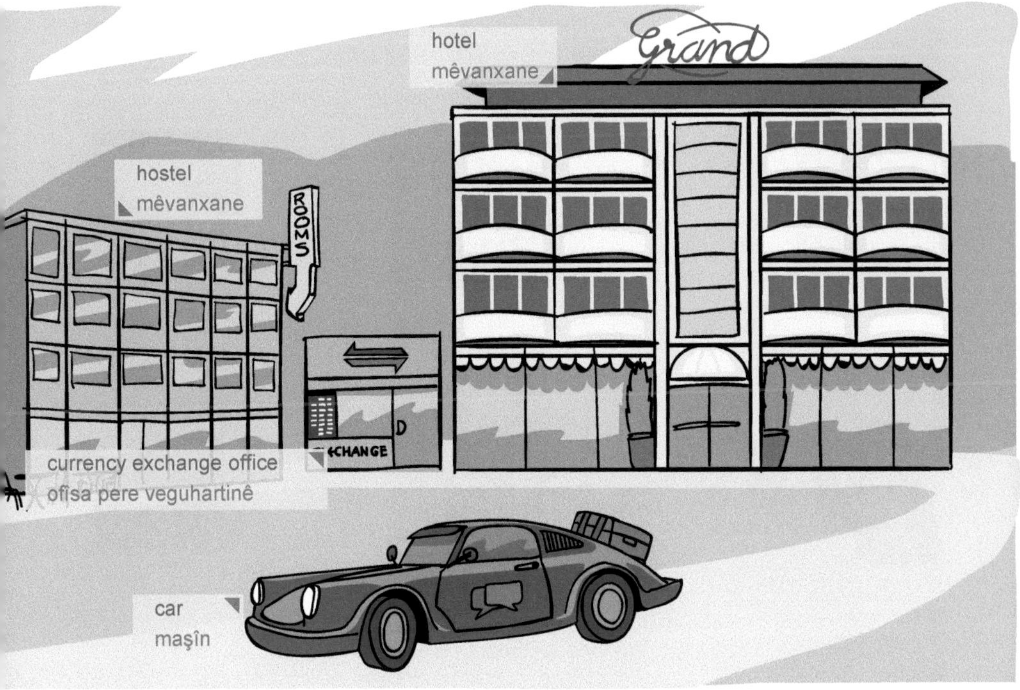

language
ziman

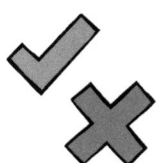

yes / no
belê / na

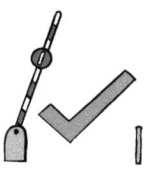

Okay
baş

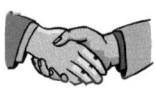

hello
silav

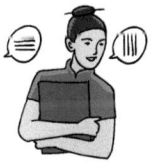

translator
wergêra nivîskî

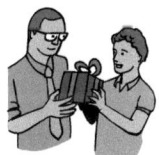

Thank you
sipas

how much is...?

bihayê ... çi qase?

I don't get it

ez fam nakim

problem

pirsgirêk

Good evening!

êvarbaş!

Good morning!

beyanî baş!

Good night!

şev baş!

goodbye

xatirê te

direction

alî

luggage

hûrmûr

bag

çente

backpack

çente pişt

guest

mêvan

room

ode

sleeping bag

came xew

tent

çadir

tourist information

agagiyên gerokan

beach

rexê avê

credit card

kartê qerzê

breakfast

taştê

lunch

firavîn

dinner

şîv

Ticket

kart

elevator

asansor

stamp

pûl

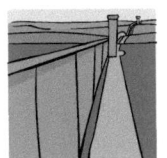

border

tixûb

customs

gumirk

embassy

balyozxane

visa

vîza

passport

pasaport

# transport
# guhaztin

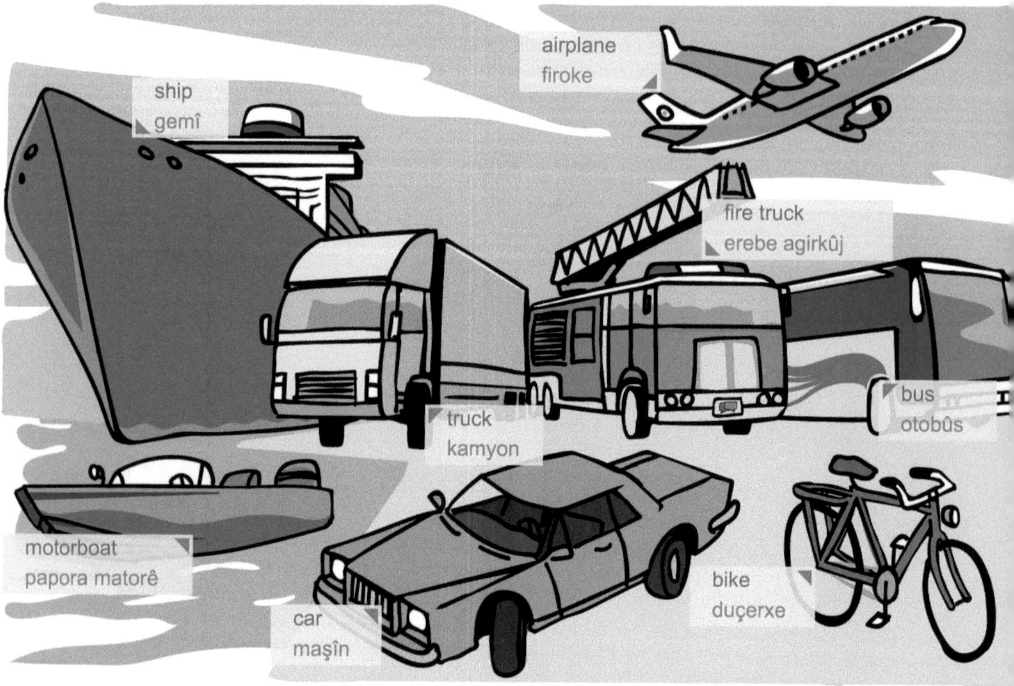

airplane
firoke
ship
gemî
fire truck
erebe agirkûj
bus
otobûs
truck
kamyon
motorboat
papora matorê
bike
duçerxe
car
maşîn


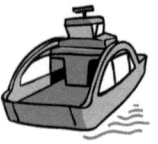

ferry

papor

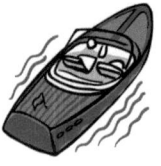

boat

papor

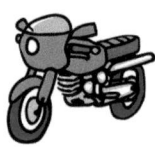

motorbike

motorsîklêt

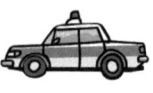

police car

trimbêla polîsê

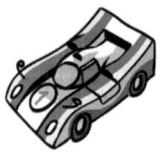

racing car

trimbêla pêşbaziyê

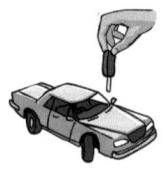

rental car

erebe kirêkirinê

car sharing

maşîn pervekirin

tow truck

kamyona kişandinê

garbage truck

kamyona xwelî

engine

motorsîklêt

fuel

mazot

fuel station

îstegeha benzînê

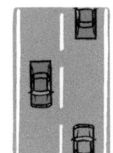

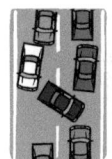

traffic sign

tabloya tirafîkê

traffic

hatinûçûn

traffic jam

tirafîk

parking lot

cihê parkê

train station

rawesteka trênê

tracks

rêç

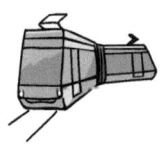

train

trên

tram

trênê kolanê

wagon

erebe

helicopter
babirok

airport
balafirgeh

tower
birc

passenger
misafir

container
qûtî

carton
qûtî

cart
girgirok

basket
selik

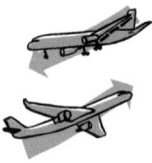

take off / land
rabûn / nîştin

## city

## bajar

village
gund

city center
navenda bajarê

house
xanî

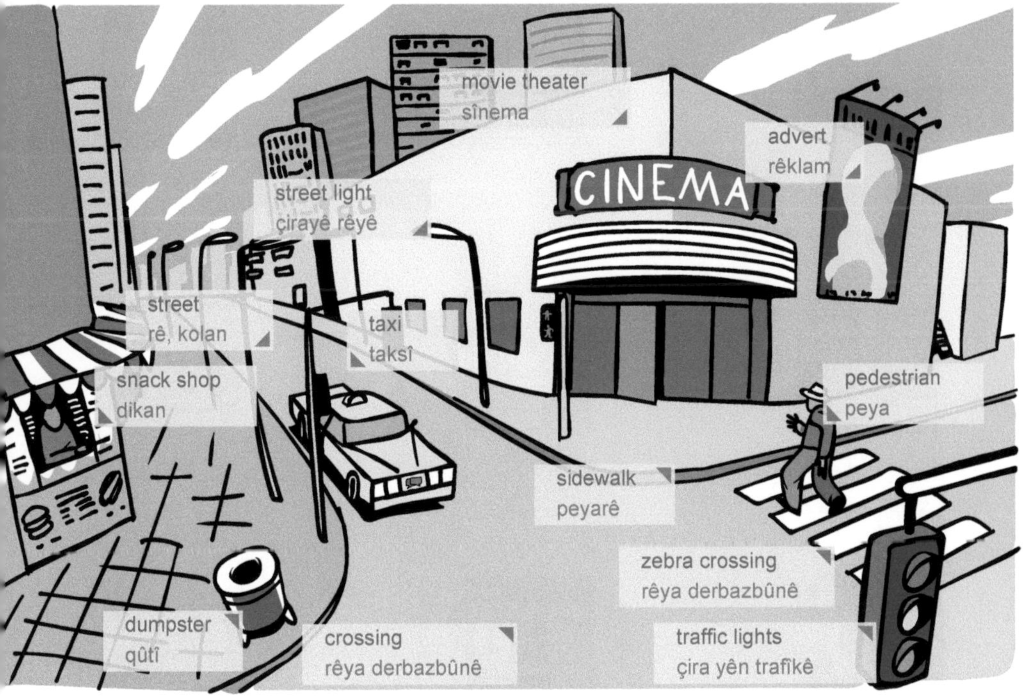

movie theater
sînema

advert
rêklam

street light
çirayê rêyê

street
rê, kolan

taxi
taksî

snack shop
dikan

pedestrian
peya

sidewalk
peyarê

zebra crossing
rêya derbazbûnê

dumpster
qûtî

crossing
rêya derbazbûnê

traffic lights
çira yên trafîkê

hut

kox

apartment

xanî

train station

rawesteka trênê

city hall

telara şarevanî

museum

mûzexane

school

dibistan

university

zanîngeh

bank

bank

hospital

nexweşxane

hotel

mêvanxane

pharmacy

dermanxane

office

ofîs

book shop

kitêbfiroşî

shop

dikan

flower shop

gulfiroş

supermarket

bazar

market

bazar

department store

supermarket

fishmonger's shop

masîfiroş

mall

navenda kirrîn

harbor

bender

park

park

bench

sekû

bridge

pir

stairs

derince

subway

jêr erdê

tunnel

tunnel

bus stop

îstgeha otobûs

bar

bar

restaurant

xwaringeh

postbox

sindûqa postê

street sign

nîşanderka rêyê

parking meter

metra parkîngê

zoo

baxça heywanan

swimming pool

hewza melevanî

mosque

mizgeft

farm
cotgeh

pollution
lewitandina derdor

cemetery
goristan

church
kenîse

playground
erdê leyistinê

temple
perestgeh

# landscape
## tebîet

signpost
nîşanderka rê

path
rê

meadow
mêrg

stone
kevir

hiker
gerok

tree
dar

river
çem

grass
giya

flower
kulîlk

valley

dol

hill

gir

lake

gol

forest

daristan

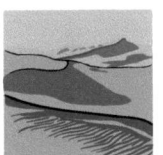

desert

beyaban

volcano

volkan

castle

keleh

rainbow

keskesor

mushroom

kivark

palm tree

darqesp

mosquito

mixmixk

fly

mêş

ant

mêrî

bee

hing

spider

pîrê

beetle

kêzik

frog

beq

squirrel

sihor

hedgehog

jîjok

hare

kerguh

owl

pepûk

bird

çivîk

swan

qû

boar

berazê kovî

deer

pezkovî

moose

pezkovî

dam

bendav

wind turbine

tûrbîna ba

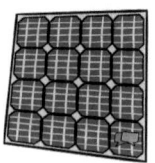

solar panel

panela xorê

climate

av û hewa

# restaurant
# xwaringeh

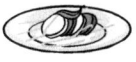

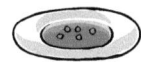

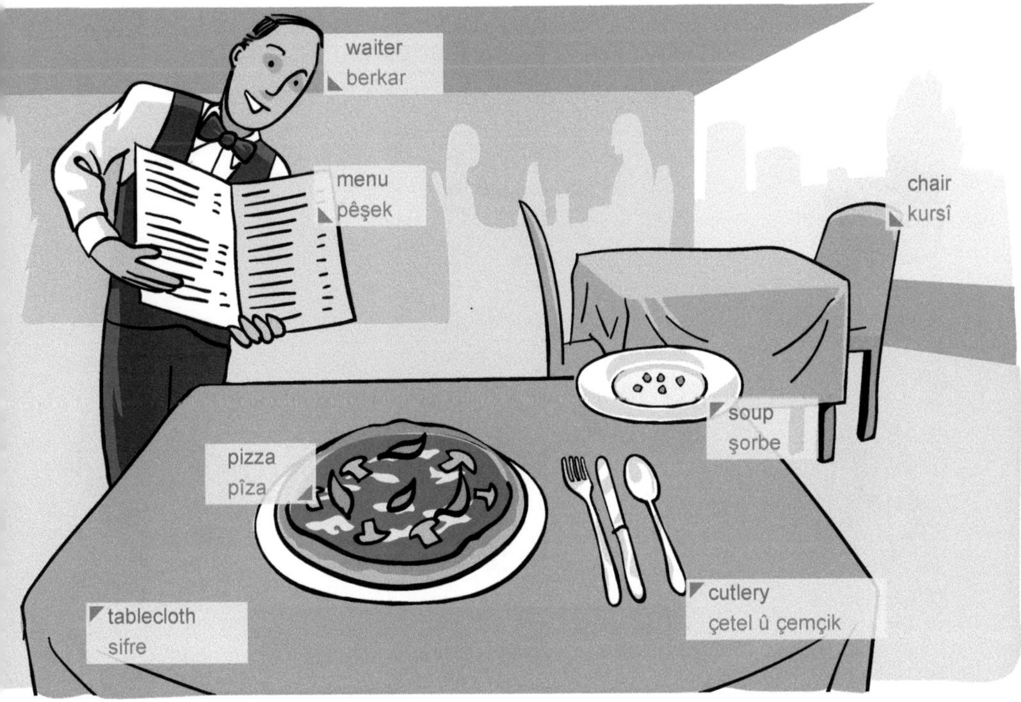
waiter
berkar
menu
pêşek
chair
kursî
soup
şorbe
pizza
pîza
cutlery
çetel û çemçik
tablecloth
sifre

starter
xwarina destpêk

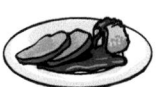

main course
xwarina serekî

dessert
şêranî

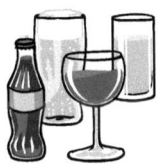

drinks
vexwarinan

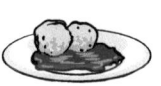

food
xwarin

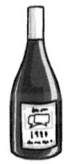

bottle
cam

fast food

xwarina lez

street food

xwarina rêyê

teapot

çaydanik

sugar bowl

qûtî şekirê

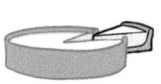

portion

beş

espresso machine

mekîna çêkirinê espresso

high chair

kursiya bilînd

bill

hesab

tray

sênî

knife

kêr

fork

çetel

spoon

kevçî

teaspoon

kevçiya çay

serviette

pêşgir

glass

qedeh

plate

teyfik

soup plate

teyfika şorbe

saucer

piyale

sauce

çênc

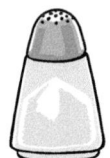

salt shaker

xwêdank

pepper mill

qûtî bîbar

vinegar

sêk

oil

rûn

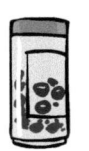

spices

biharat

ketchup

ketçap

mustard

mustard

mayonnaise

mayonêz

# supermarket
## bazar

special offer
pêşkêşên taybet
FOR
customer
mişterî
dairy products
şîremenî
fruit
fêkî
shopping cart
erebe

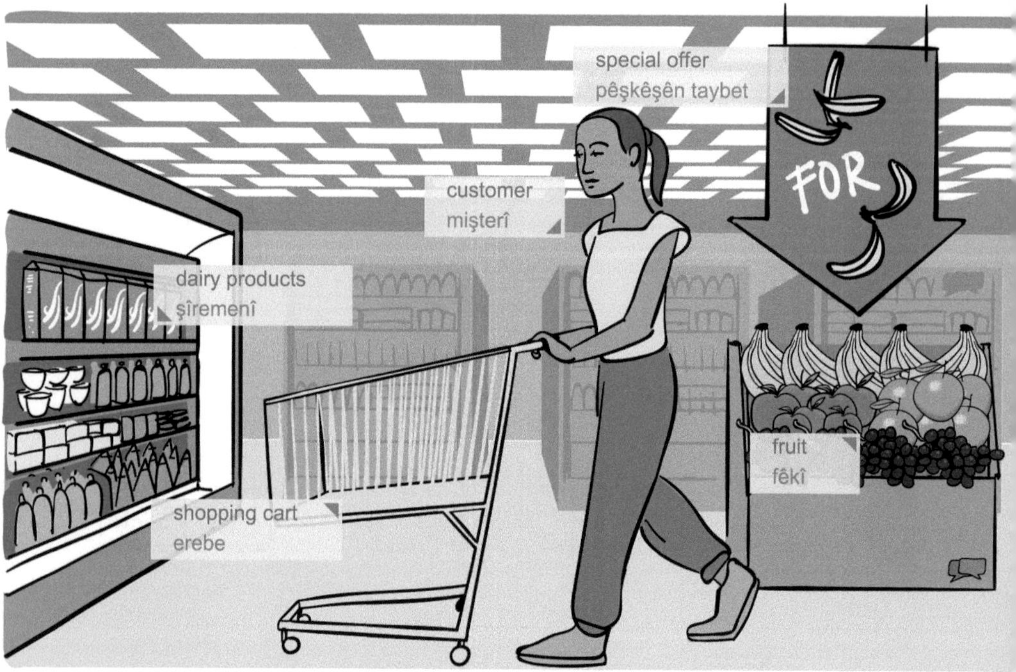

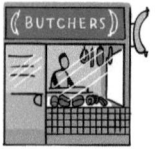

butcher's shop

qesabî

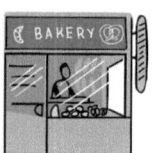

bakery

dikana nanpêj

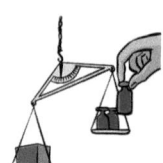

weigh

wezin kirin

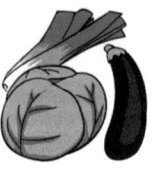

vegetables

sebze

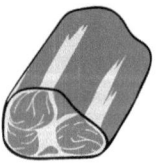

meat

goşt

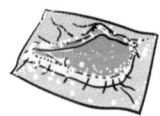

frozen food

xwarinê cemedî

cold cuts

goştê sar

canned food

xwarina pîlê

detergent

xubarê paqijkirinê

candy

şirînî

household products

berhemên navxweyî

cleaning products

berhemên paqijkirinê

sales representative

firoşyar

cash register

xeznok

cashier

diravgir

shopping list

lîsta kirrînê

opening hours

demên vekirî

wallet

cizdan

credit card

kartê qerzê

bag

çewal

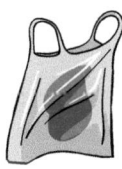

plastic bag

çente

water
........................
av

juice
........................
şerbet

milk
........................
şîr

coke
........................
komir

wine
........................
şerab

beer
........................
bîra

alcohol
........................
alkol

cocoa
........................
kakwo

tea
........................
çay

coffee
........................
qehwe

espresso
........................
espresso

cappuccino
........................
kapoçîno

banana

moz

apple

sêv

orange

pirteqalî

melon

gundor

lemon

lîmon

carrot

gêzer

garlic

sîr

bamboo

qamir

onion

pîvaz

mushroom

qarçik

nuts

gewîz

noodles

şihîre

spaghetti
spagêttî

rice
birinc

salad
selete

fries
çîps

fried potatoes
peteteya biraştî

pizza
pîza

hamburger
hamburger

sandwich
nanok

escalope
goştê stûyê berxî

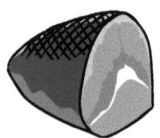

ham
goştê hişkkirî

salami
salamê

sausage
sosîs

chicken
mirîşk

roast
bijartin

fish
masî

porridge oats

şorbe bilûl

muesli

mûslî

cornflakes

kertên gilgilan

flour

ard

croissant

croissant

bread roll

semûn

bread

nan

toast

tost

cookies

nanik

butter

nivîşk

curd

mast

cake

kulîçe

egg

hêk

fried egg

hêka qelandî

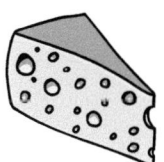

cheese

penîr

ice cream

dondirme

sugar

şekir

honey

hingiv

jelly

mireba

nougat cream

xameya nougat

curry

kurrî

goat

bizin

cow

çêlek

calf

golik

pig

beraz

piglet

xinzîrk

bull

boxe

farm - cotgeh

27

goose

qaz

duck

miravî

chick

cûçik

hen

mirîşk

cockerel

keleşêr

rat

circ

cat

kitik

mouse

mişk

ox

ga

dog

kûçik

dog house

xaniya kûçikê

garden hose

xanî baxê

watering can

qûtîka avdanê

scythe

şalûk

plow

gasin

sickle

das

hoe

merbêr

pitchfork

darsapik

axe

bivir

pushcart

destgere

trough

qûtî xwarina candaran

milk can

qûtî şîr

sack

tûr

fence

çeper

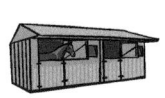

stable

axur

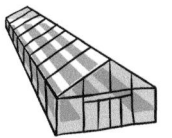

greenhouse

xana kulîlkan

soil

ax

seed

dendik

fertilizer

peyn

combine harvester

kombayn

harvest

zad

harvest

zad

yams

petete

wheat

genim

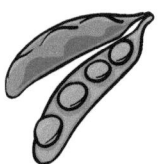

soya

fasolî

potato

petete

corn

dexl

rapeseed

dindik

fruit tree

darê fêkî

manioc

sêvê bin erdê

grain

zad

living room

oda rûniştinê

bathroom

hemam

kitchen

metbex

bedroom

oda xewê

kids room

odeya zarok

dining room

oda şîvê

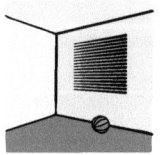

floor

binî

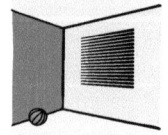

wall

dîwar

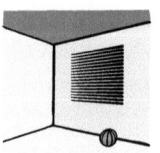

ceiling

berban

cellar

xenzik

sauna

sauna

balcony

balkon

terrace

berdanik

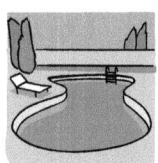

pool

hewza melevanî

lawn mower

çîmen birr

sheet

melhefe

bedspread

betanî

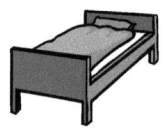

bed

nivîn

broom

gezik

bucket

satil

switch

kilîl

# living room
# oda rûniştinê

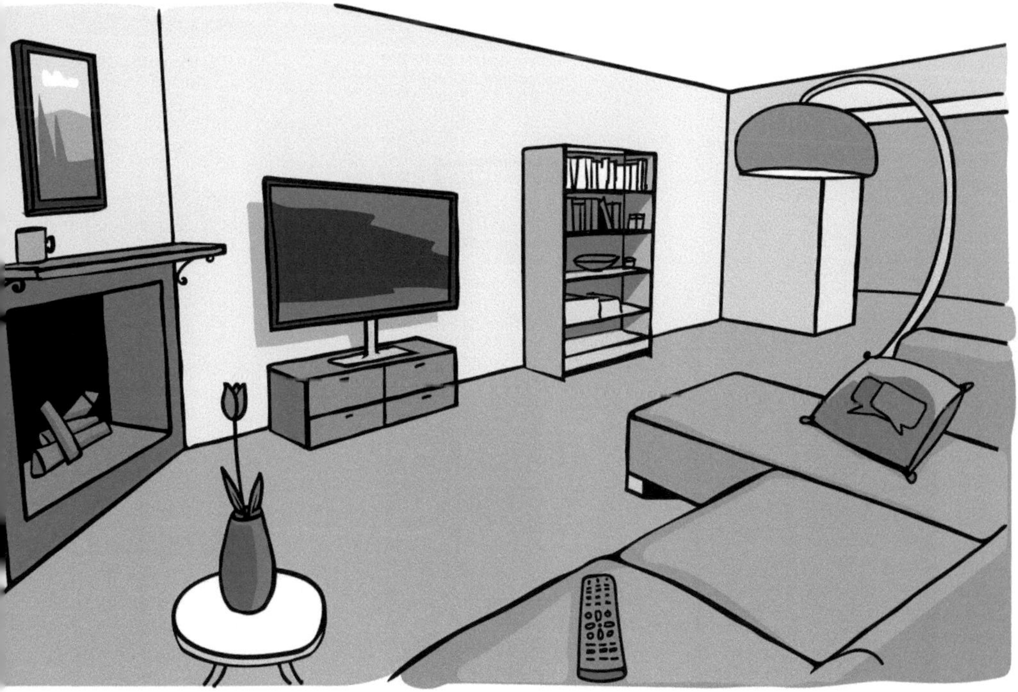

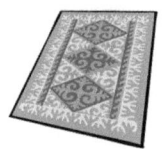

carpet

xalîçe

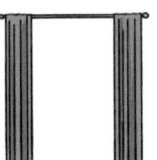

drape

perde

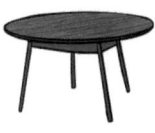

table

mêz

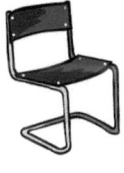

chair

kursî

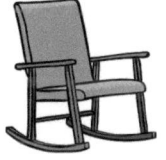

rocking chair

kursiya hejanok

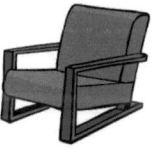

armchair

kursî

book

pirtûk

blanket

betanî

decoration

xemilandin

firewood

êzing

film

fîlm

stereo system

hi-fi

key

kilîl

newspaper

rojname

painting

nîgar

poster

poster

radio

radyo

notebook

defter

vacuum cleaner

sivnika elektrîkî

cactus

kaktûs

candle

mom

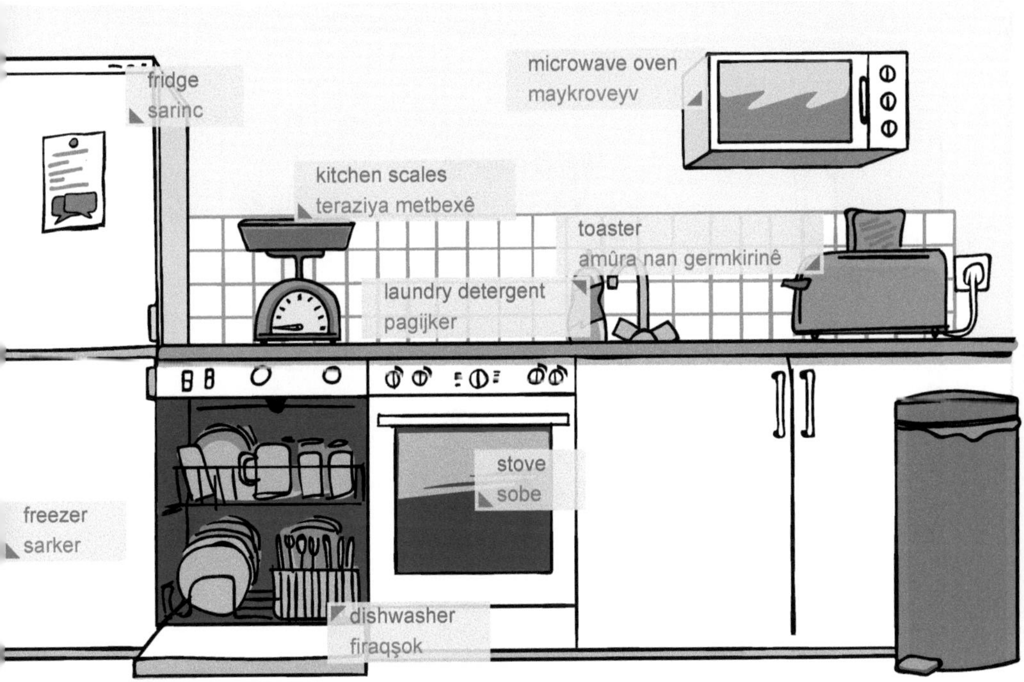

fridge
sarinc

microwave oven
maykroveyv

kitchen scales
teraziya metbexê

toaster
amûra nan germkirinê

laundry detergent
pagijker

freezer
sarker

stove
sobe

dishwasher
firaqşok

cooker

sobe

pot

aman

cast-iron pot

amaê ûtû

wok / kadai

firaqê mezin

pan

dîzik

kettle

kelînk

steamer

firaqê hilmê

baking tray

sênî nanê

crockery

firaq

mug

piyale

bowl

kasik

chopsticks

darê nanxwarin

ladle

hesk

spatula

kevçiya mezin

whisk

rînek

strainer

kefgîr

sieve

bêjing

grater

rêşker

mortar

destar

barbecue

biraştin

fireplace

agirê vala

chopping board

texteya birrînê

rolling pin

darikê tîrê

corkscrew

devlk badek

can

qûtî

can opener

qûtîvekir

oven cloth

cawê amanan

sink

destşo

brush

firçe

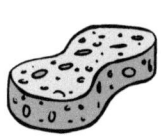

sponge

parazoa

blender

tevdêr

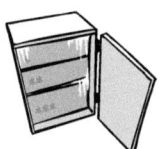

deep freezer

sarkerê cemedî

baby bottle

şûşe bebikan

tap

henefî

# bathroom
# hemam

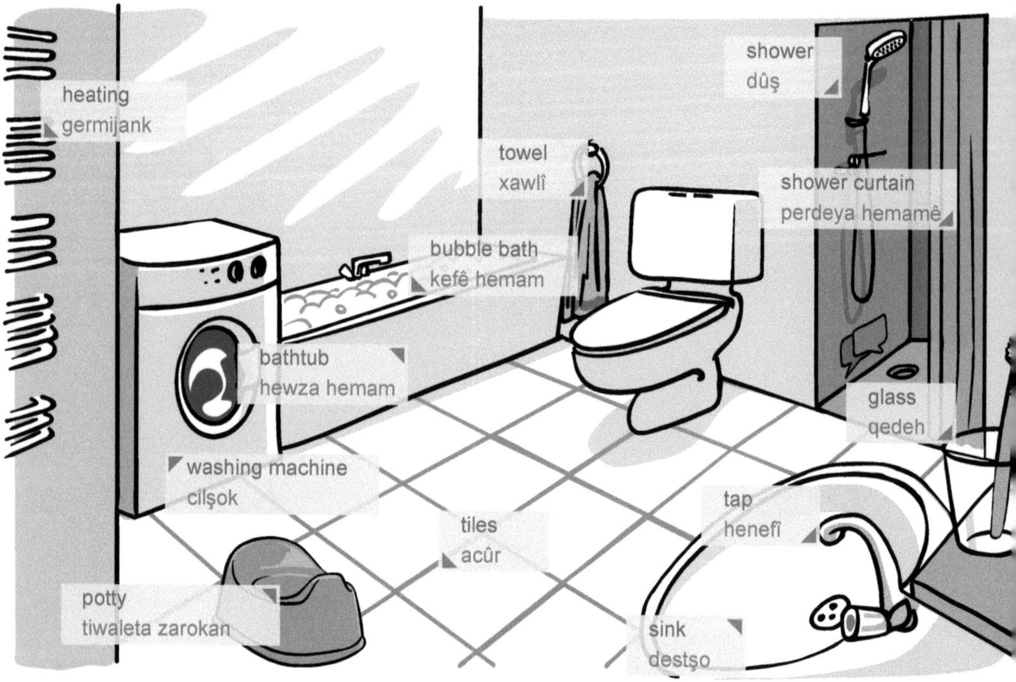

heating
germijank
shower
dûş
towel
xawlî
shower curtain
perdeya hemamê
bubble bath
kefê hemam
bathtub
hewza hemam
glass
qedeh
washing machine
cilşok
tap
henefî
tiles
acûr
potty
tiwaleta zarokan
sink
destşo


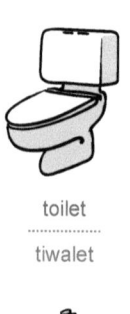

toilet

tiwalet

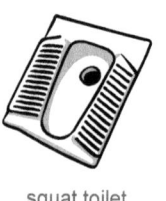

squat toilet

tiwaleta erdê

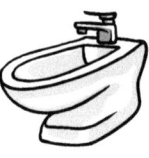

bidet

tiwalet

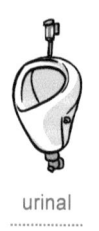

urinal

avdestxana mêran

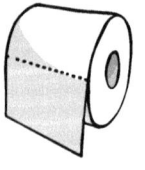

toilet paper

kaxeza tiwalet

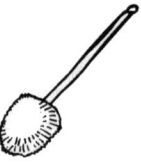

toilet brush

firşeya tiwalet

**toothbrush**

firçeya diran

**toothpaste**

mecûna diran

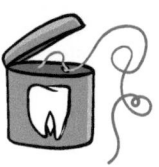

**dental floss**

nexa didan

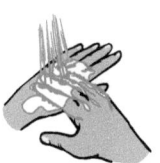

**wash**

şûştin

**hand shower**

dûşê destê

**douche**

dûş

**basin**

destşo

**back brush**

firça pişt

**soap**

sabûn

**shower gel**

cêlê hemam

**shampoo**

şampo

**flannel**

fanîle

**drain**

zêrab

**creme**

kirêm

**deodorant**

bêhn xweşkir

mirror

mirêk

hand mirror

mirêka destê

razor

gûzan

shaving foam

kefê teraşînê

aftershave

mecûna pіştî teraşînê

comb

şeh

brush

firçe

hair-dryer

por hîşikkir

hairspray

sipraya porê

makeup

kozmetîk

lipstick

soravk

nail varnish

rengê nînok

cotton wool

pembû

nail scissors

meqesta nînok

perfume

parfûm

washbag

çewalê hemamê

stool

kursiya bêpişt

weighing scales

terazî

bathrobe

kinca hemamê

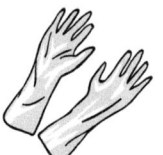

rubber gloves

lepika lastîkê

tampon

tampon

sanitary towel

xawliya paqijkirinê

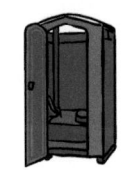

chemical toilet

tiwaleta kîmîyewî

# kids room

# odeya zarok

alarm clock
demjimêrk
cuddly toy
lîstok
toy car
maşîna lîstok
rattle
xişxişok
doll's house
mala lîstok
present
xelat


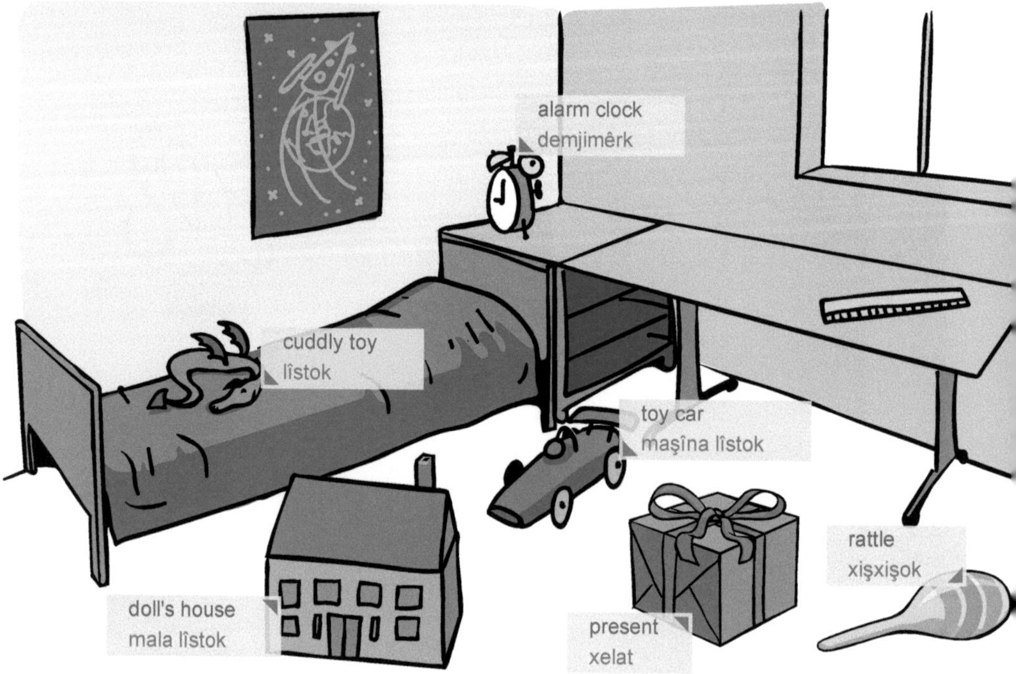

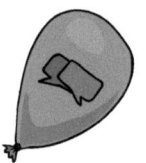

balloon

pifdank

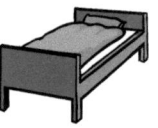

bed

nivîn

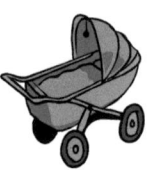

stroller

koçk

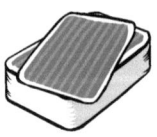

deck of cards

lîstika kartê

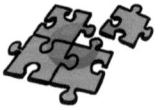

jigsaw

frîzbî

comic

komîk

lego bricks

acûra lêgo

toy blocks

acûra lîstok

action figure

bûke şûşe

romper suit

kinca bebikan

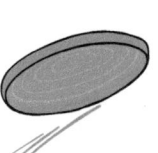

frisbee

frizbee

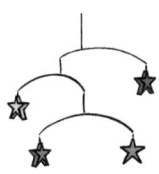

mobile

veguhestin

board game

lîstikên texte

dice

mor

model train set

modêla trênê

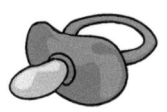

pacifier

memik

party

cejn

picture book

kitêba wêne

ball

top

doll

bûke şûşe

play

leyîstin

sandpit

kuna xîzê

swing

colane

toys

lîstokan

video game console

lîstika vîdeoyî

tricycle

sêçerxe

teddy bear

hirça lîstok

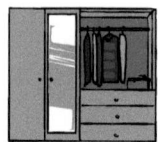

wardrobe

cildank

# clothing

## kinc

socks

gore

stockings

gore

tights

derpêgorê

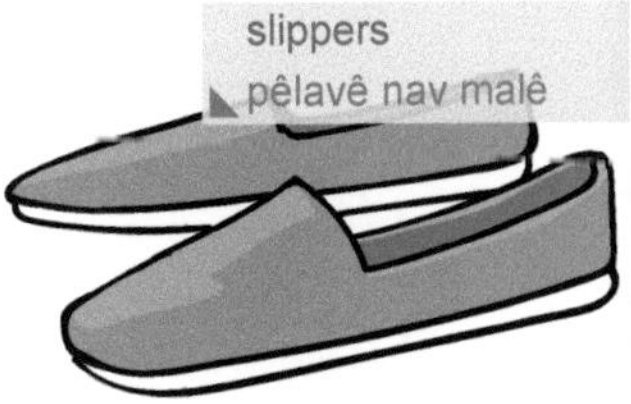

scarf
şal

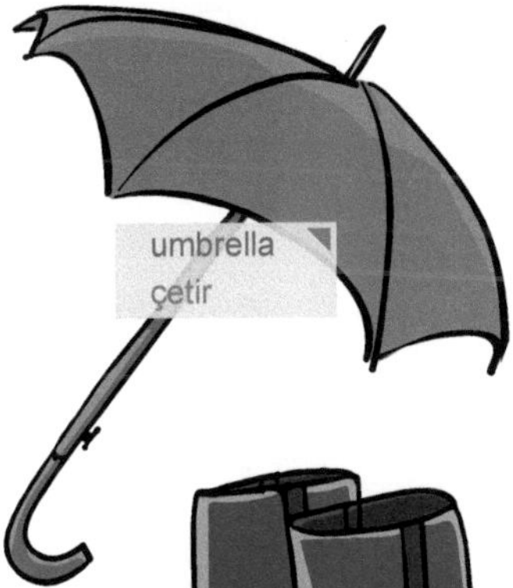

umbrella
çetir

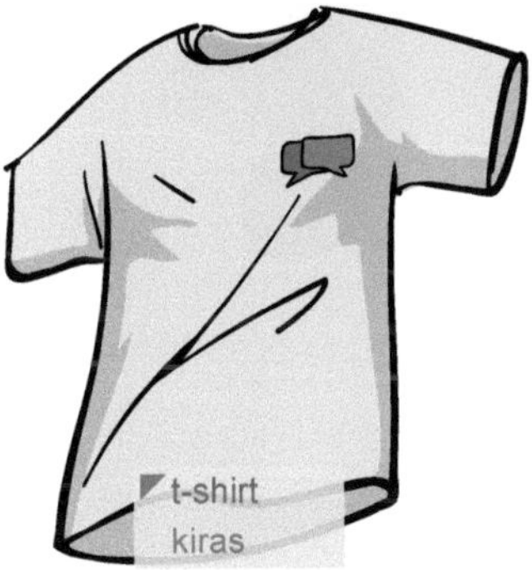

t-shirt
kiras

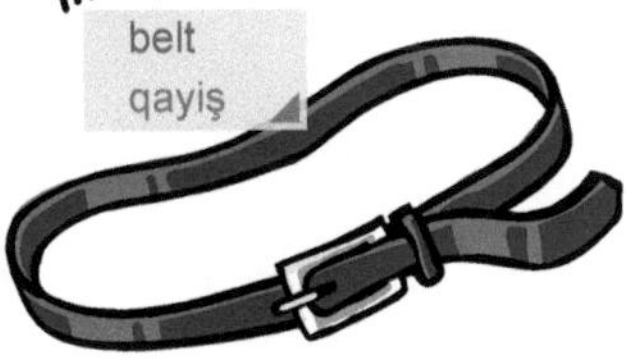

belt
qayiş

boots
şekal

slippers
pêlavê nav malê

sneakers
pêlav

sandals
solik

shoes
sol

rubber boots
potîna çermê

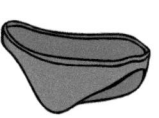

underwear
pantolê jêr

bra
pêsîrbend

undershirt
çekbend

clothing - kinc

body
cendek

pants
pantol

jeans
jeans

skirt
daman

blouse
kiras

shirt
kiras

pullover
fanêle

sweater
fanêle

blazer
cakêt

jacket
sako

coat
çaket

raincoat
baranî

costume
lebas

dress
fîstan

wedding dress
cilê dawetê

suit

kostum

nightgown

pêcame

pajamas

pêcame

sari

saree

headscarf

leçik

turban

mêzer

burka

hêram

kaftan

kaftan

abaya

eba

swimsuit

kinca ajnêkirin

trunks

cilka melevanî

shorts

şort

tracksuit

cila hêvojkarî

apron

pêşmal

gloves

lepik

button
dûgme

glasses
berçavik

bracelet
bazin

necklace
gerdenî

ring
gustîl

earring
guhark

cap
devik

coat hanger
hilavistek

hat
kûm

tie
kirawat

zip
zîp

helmet
serparêz

braces
derzî

school uniform
kinca dibistanê

uniform
yûnîform

bib
.................
berdilk

pacifier
.................
memik

diaper
.................
pundax

## office
## ofîs

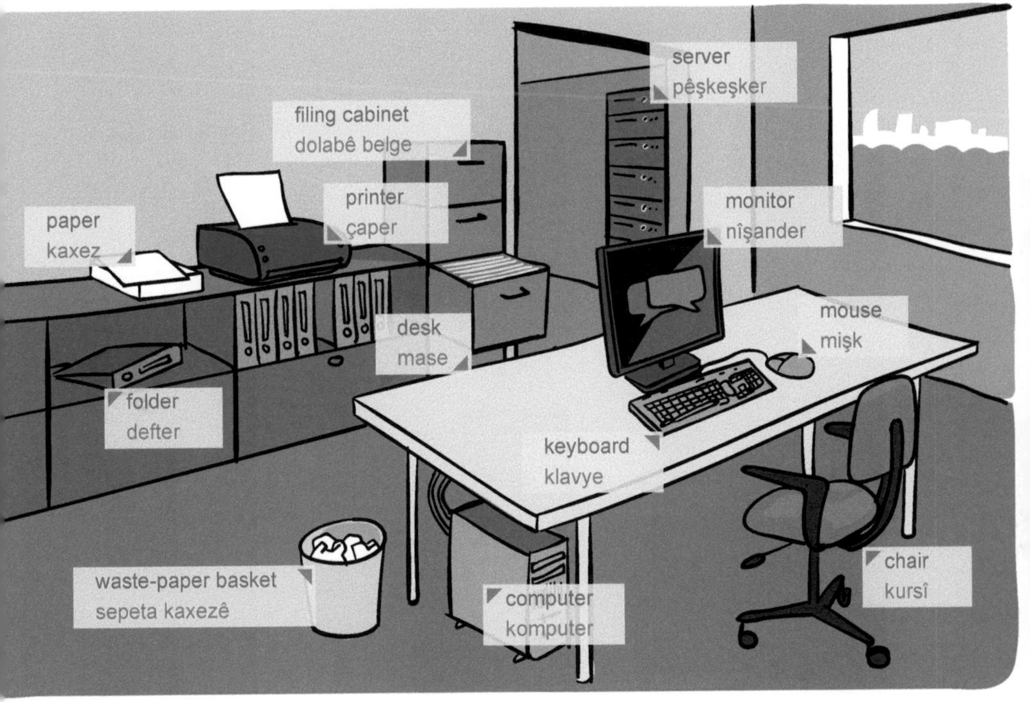

server
pêşkeşker

filing cabinet
dolabê belge

printer
çaper

monitor
nîşander

paper
kaxez

desk
mase

mouse
mişk

folder
defter

keyboard
klavye

waste-paper basket
sepeta kaxezê

chair
kursî

computer
komputer

coffee mug
.................
kasika qehwe

calculator
.................
hesabker

internet
.................
înternet

laptop

komputera laptop

letter

name

message

peyam

cell phone

telefona mobîl

network

tor

photocopier

mekîna fotokopî

software

software

telephone

telefon

plug socket

socketa fîşek

fax machine

mekîna faxê

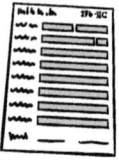

form

form

document

belge

buy

standin

pay

pere dan

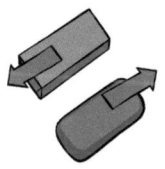

trade

bazirganî

money

pere

**USD**

dollar

dollar

**EUR**

euro

yoro

**JPY**

yen

yenê Japonê

**RUB**

rouble

roblê Rûsî

**CHF**

Swiss franc

firankê Swîsê

**CNY**

renminbi yuan

yuanê Çînê

**INR**

rupee

rûpee Hindî

cash point

mekîna jixwebera dirav

currency exchange office

ofîsa pere veguhartinê

gold

zêrr

silver

zîv

oil

neft

energy

wize

price

biha

contract

peyman

tax

tax

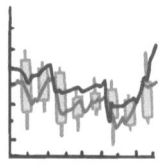

stock

seham

work

karkirin

employee

karker

employer

karda

factory

fabrîka

shop

dikan

# occupations
# profesyon

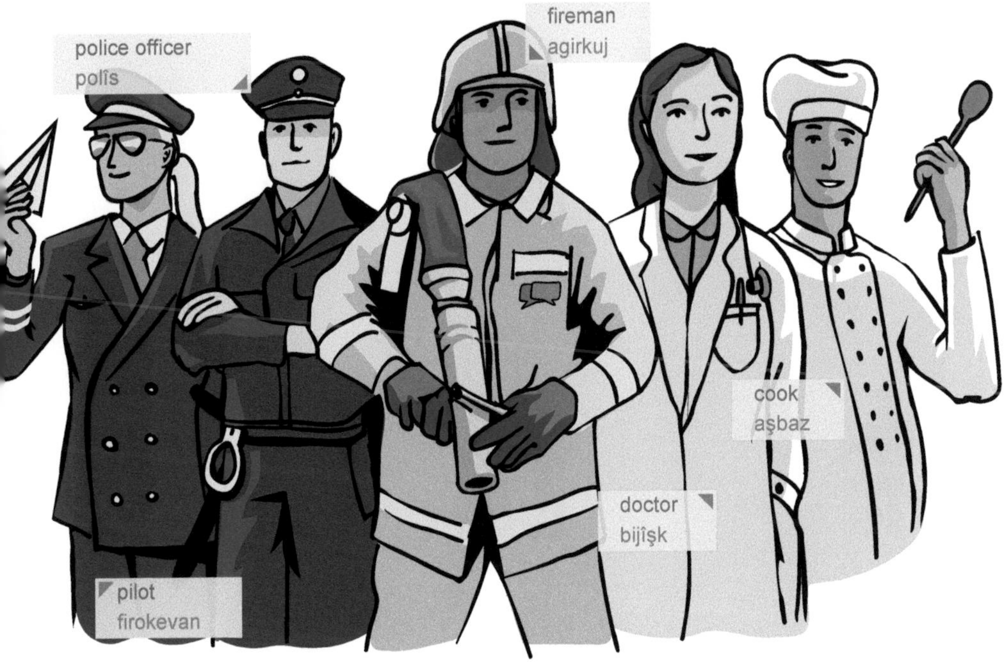

fireman
agirkuj
police officer
polîs
cook
aşbaz
doctor
bijîşk
pilot
firokevan


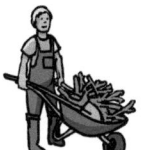

gardener

baxçevan

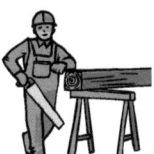

carpenter

necar

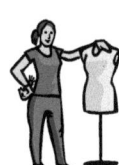

seamstress

dirûnvan

judge

hakim

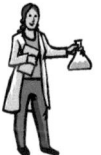

chemist

şîmyazan

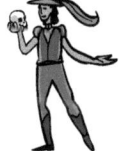

actor

şanoger

bus driver

şufêrê basê

taxi driver

şufêrekî taksiyê

fisherman

masîvan

cleaning lady

pagijker

roofer

çêkirê banî

waiter

berkar

hunter

nêçirvan

painter

rengrês

baker

nanpêj

electrician

karebavan

builder

avaker

engineer

endezyar

butcher

qesab

plumber

lûlekar

postman

postevan

occupations - profesyon

soldier

esker

architect

mîmar

cashier

diravgir

florist

firotkara çîçekan

hairdresser

porçêker

conductor

ajovan

mechanic

mekanîk

captain

keştîvan

dentist

pizîşka didanan

scientist

zanistyar

rabbi

rûhan

imam

îmam

monk

keşe

pastor

keşîş

# tools

# amûran

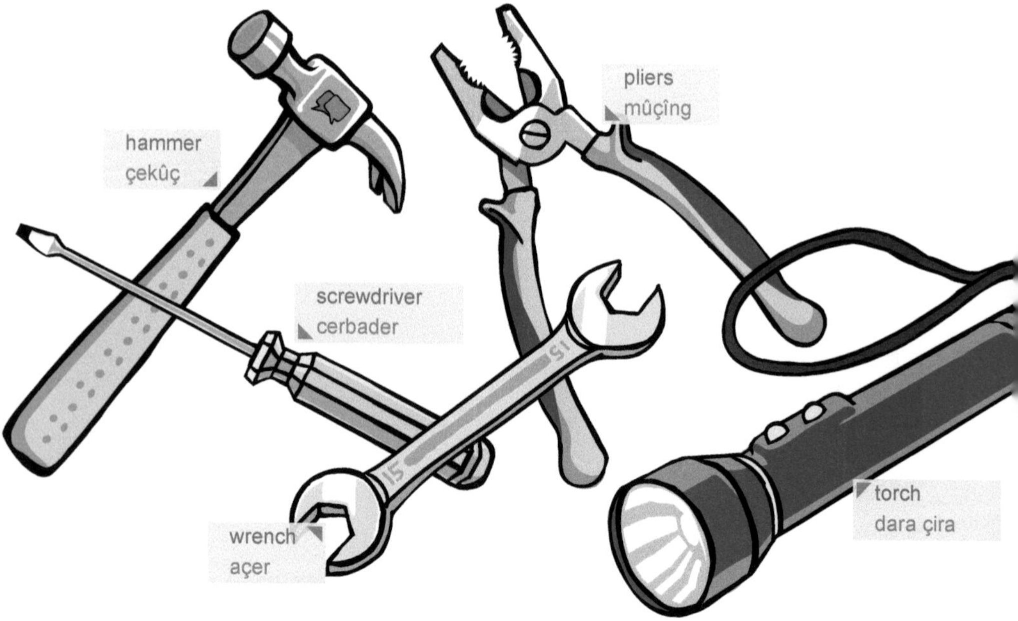
pliers
mûçîng
hammer
çekûç
screwdriver
cerbader
wrench
açer
torch
dara çira

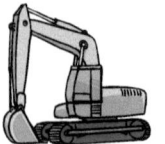

excavator

şofel

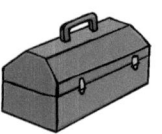

toolbox

qûtiya amûran

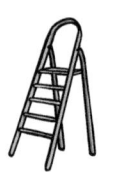

ladder

peyje

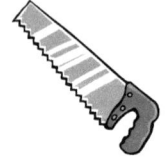

saw

mişar

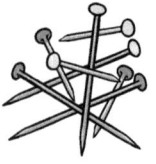

nails

mîx

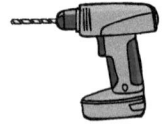

drill

qulkirin

repair

çêkirin

shovel

merbêr

Damn!

nalet!

dustpan

bêl

paint can

qûtiya rengê

screws

cerr

## musical instruments
## amûrên mûzîkê

loud speaker
bilîndgo

drum set
komê dehol

guitar
gîtar

double bass
dû bas

trumpet
zirna

piano
piyano

violin
viyolîn

bass
bas

timpani
dehol

drums
dahol

keyboard
keyboard

saxophone
saksofon

flute
bilûr

microphone
mîkrofon

# baxça heywanan

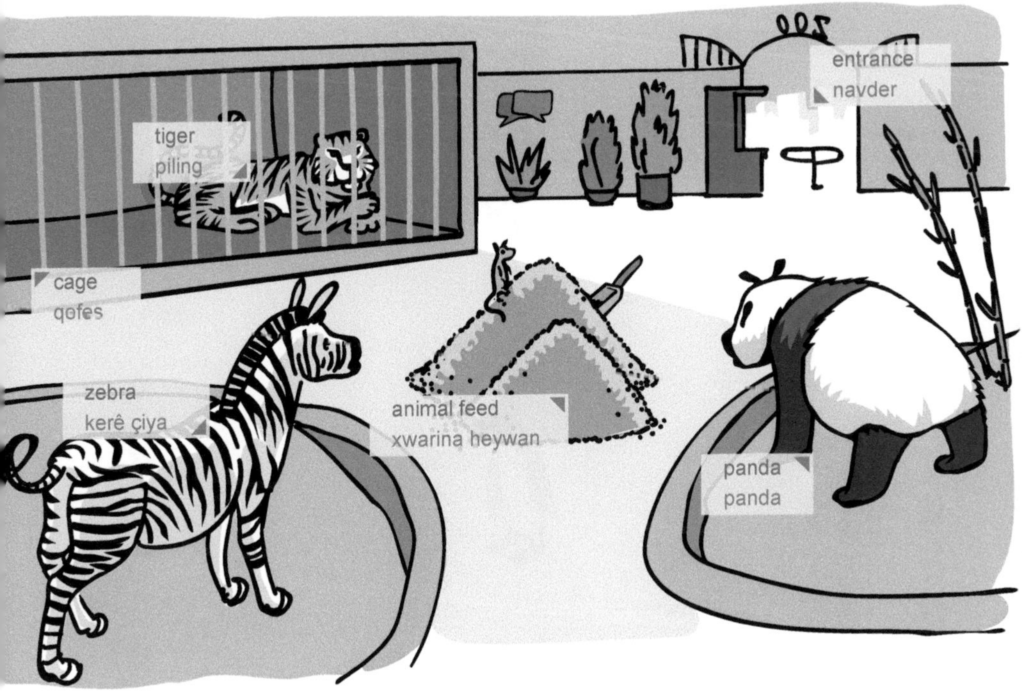
entrance
navder
tiger
piling
cage
qefes
zebra
kerê çiya
animal feed
xwarina heywan
panda
panda

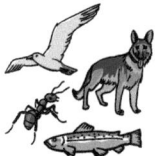

animals

heywan

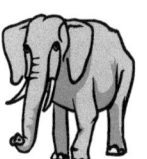

elephant

fîl

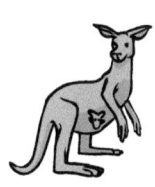

kangaroo

kangarû

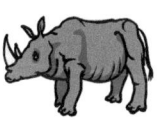

rhino

kerkeden

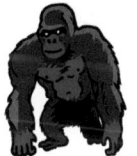

gorilla

gorîl

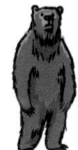

bear

hirç

camel

hêştir

ostrich

hêştirme

lion

şêr

monkey

meymûn

flamingo

flamîngo

parrot

papaxan

polar bear

hirça cemserî

penguin

penguîn

shark

semasî

peacock

tawûs

snake

mar

crocodile

timsah

zookeeper

parêzera baxça ajalan

seal

seya derya

jaguar

piling

pony

hesp

leopard

piling

hippo

hespê rûbar

giraffe

canhêştir

eagle

helo

boar

berazê kovî

fish

masî

turtle

kûsî

walrus

walras

fox

rovî

gazelle

xezal

American football
fûtbolê Amerîka

cycling
bisiklêtan

tennis
tenîs

basketball
baskêtbol

swimming
avjenîkirin

boxing
boxing

ice hockey
hokeya ser cemedê

soccer
fûtbol

badminton
badminton

athletics
yê atletîzmê

handball
hendbol

skiing
befirajotin

polo
polo

# activities
# çalakiyan

laugh
kenîn
jump
hilpeke
hug
hembêz
walk
birêveçûn
sing
lawje gutin
dream
xewn dîtin
pray
nimêj kirin
kiss
maçkirin


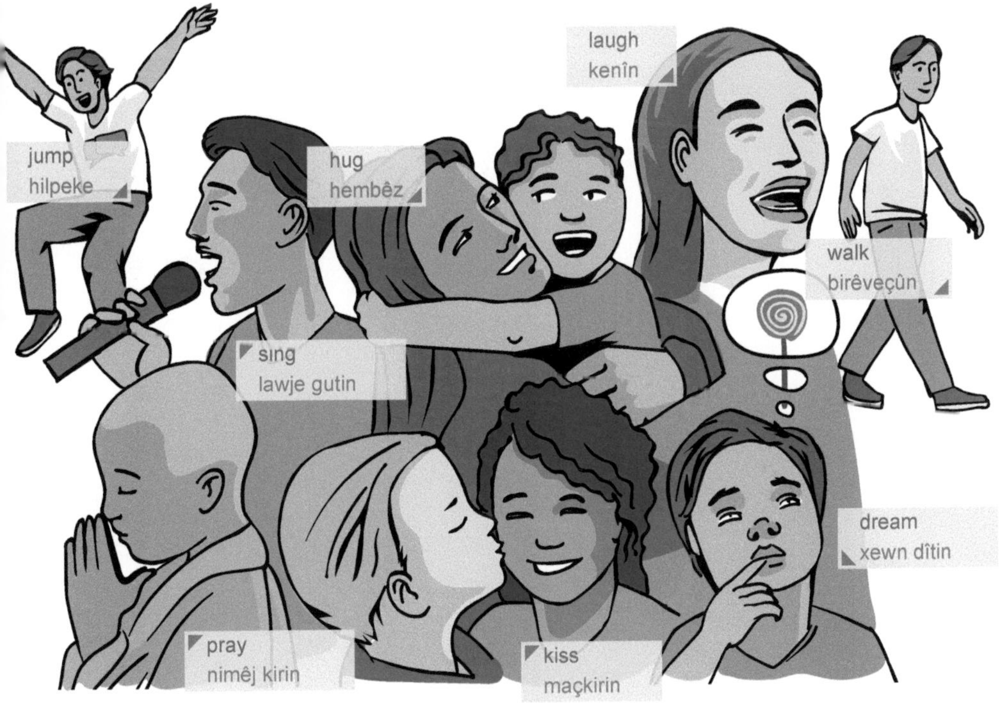

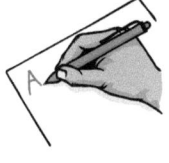

write

nivîsandin

draw

nîgar kêşan

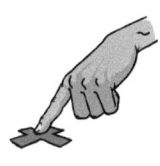

show

nîşan dan

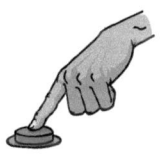

push

paldan

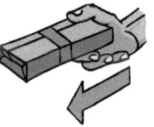

give

dayîn

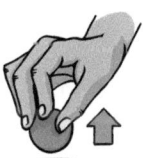

take

rakirin

have
heyîn

do
kirin

be
bûn

stand
sekinîn

run
bazdan

pull
kişandin

throw
avêtin

fall
ketin

lie
derew kirin

wait
sekinîn

carry
guhêztin

sit
rûniştin

get dressed
cil berkirin

sleep
razan

wake up
rabûn

look at

mêze kirin

cry

girîn

stroke

celte

comb

şe kirin

talk

peyvîn

understand

famkirin

ask

pirskirin

listen

bihîstin

drink

vexwarin

eat

xwarin

tidy up

kom kirin

love

hezkirin

cook

xwarin çêkirin

drive

ajotin

fly

firrîn

activities - çalakiyan

65

sail

kesştîvanî

calculate

hesibandin

read

xwandin

learn

hînbûn

work

karkirin

marry

zewicîn

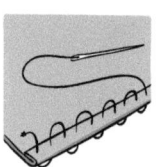

sew

dirûtin

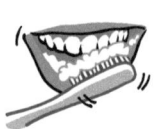

brush teeth

didan şûtin

kill

kuştin

smoke

dûxan

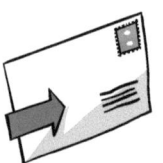

send

şandin

# family
# malbat

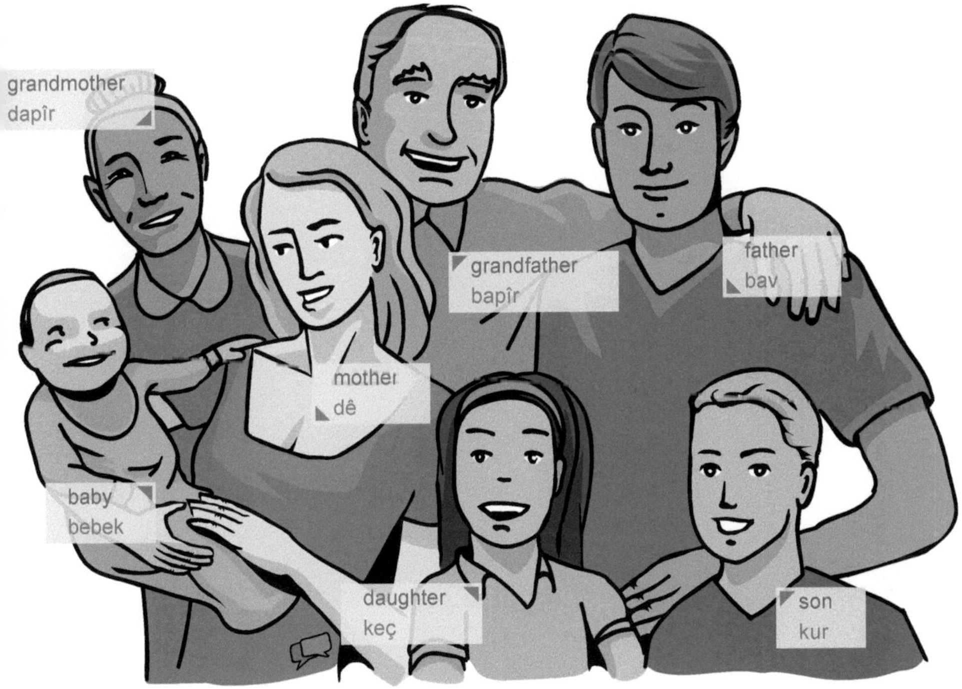
grandmother
dapîr
grandfather
bapîr
father
bav
mother
dê
baby
bebek
daughter
keç
son
kur

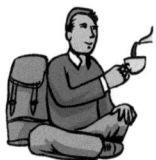

guest

mêvan

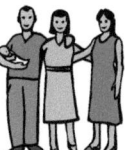

aunt

met

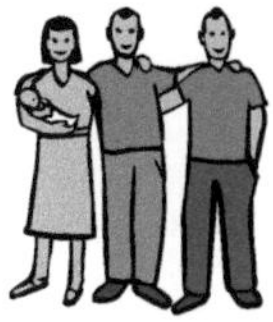

uncle

ap/xal

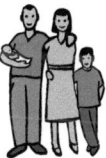

brother

bira

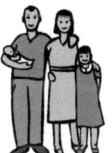

sister

xwişl

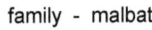

# body
## beden

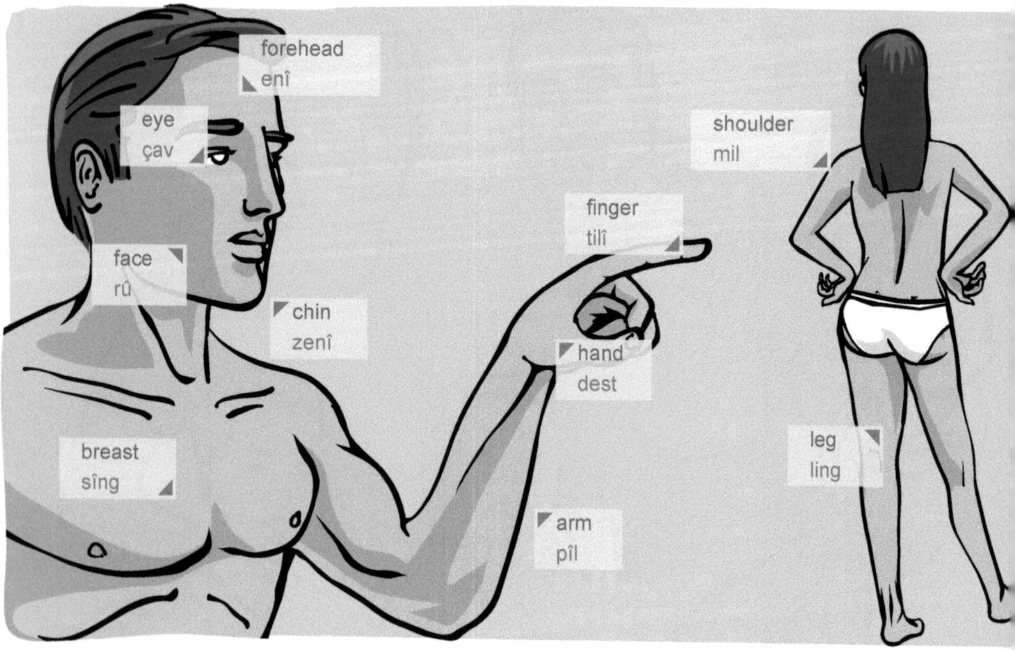

forehead
enî

eye
çav

shoulder
mil

finger
tilî

face
rû

chin
zenî

hand
dest

breast
sîng

leg
ling

arm
pîl

baby

bebek

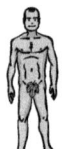

man

mêr

woman

jin

girl

keç

boy

kor

head

ser

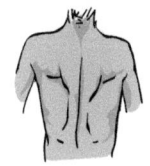

back

pişt

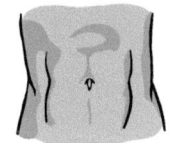

belly

zik

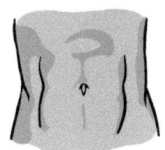

navel

navik

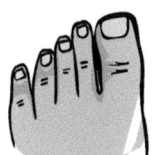

toe

tilîya pê

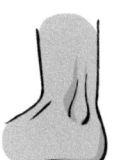

heel

panî

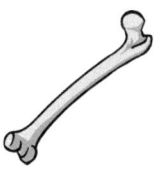

bone

hestî

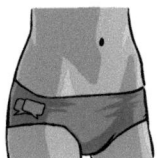

hip

kûlîmek

knee

jûnî

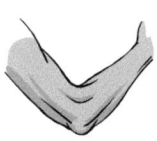

elbow

enîşk

nose

difn

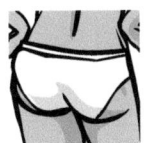

buttocks

qûn

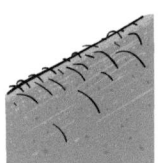

skin

çerm

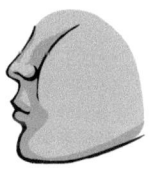

cheek

rû

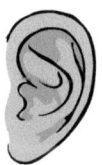

ear

gûh

lip

lêv

mouth

dev

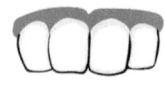

tooth

diran

tongue

ziman

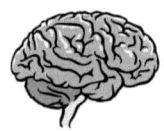

brain

mêjî

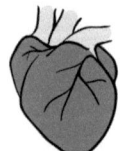

heart

dil

muscle

masûl

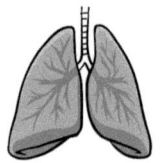

lung

cîgera spî

liver

ceger

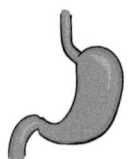

stomach

made

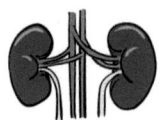

kidneys

gûrçikan

sex

cotbûn

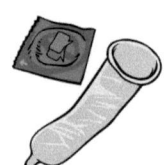

condom

kondom

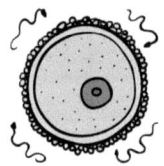

ovum

hêk

semen

tov

pregnancy

dûcanî

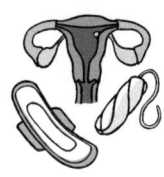

menstruation

ade

vagina

qûz

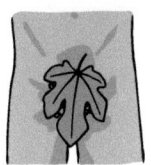

penis

kîr

eyebrow

birû

hair

por

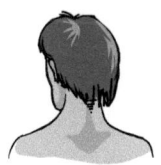

neck

hûstû

# hospital
# nexweşxane

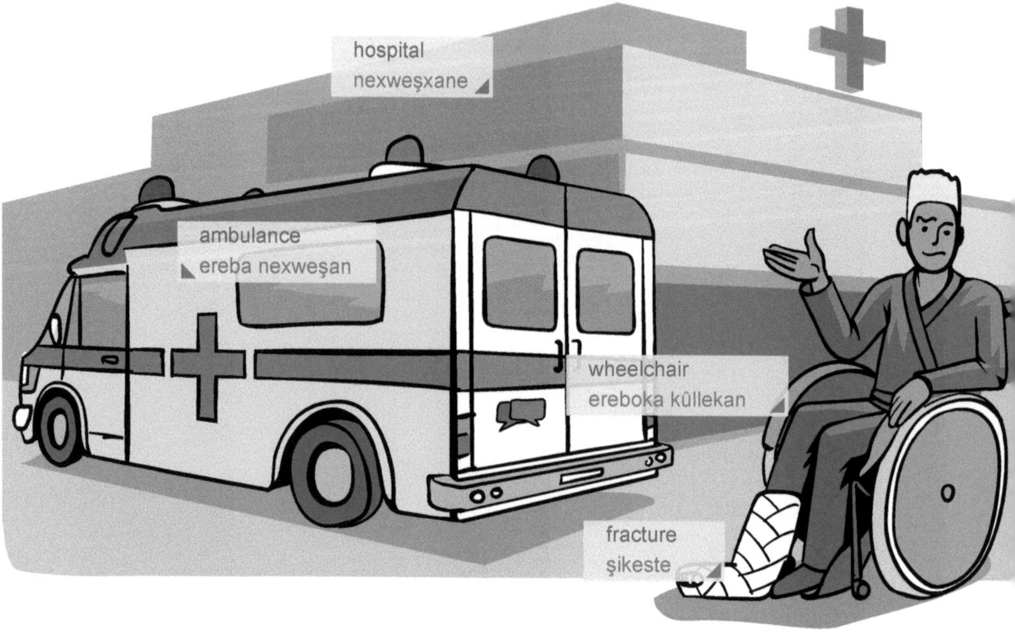

hospital
nexweşxane
ambulance
ereba nexweşan
wheelchair
ereboka kûllekan
fracture
şikeste


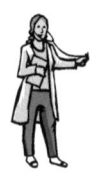

doctor

bijîşk

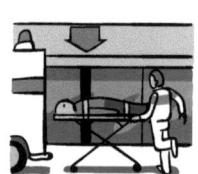

emergency room

oda lezgînê

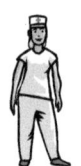

nurse

nexweşyar

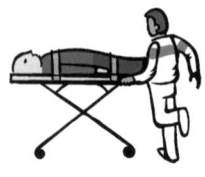

emergency

acîlîyet

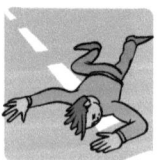

unconscious

bêhay

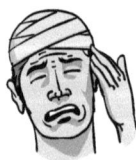

pain

êş

injury

birîn

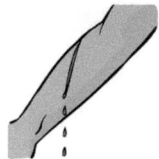

bleeding

xwînpijan

heart attack

hêrişa dilî

stroke

celte

allergy

alerjî

cough

kuxik

fever

ta

flu

zikam

diarrhea

navçûyin

headache

serêş

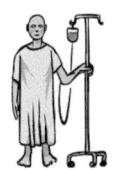

cancer

qansêr

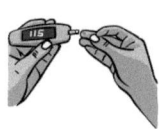

diabetes

nexweşiya şekirê

surgeon

emelîkar

scalpel

skalpêl

operation

emelî

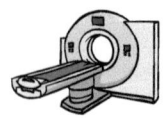

CT

CT

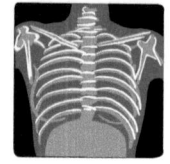

x-ray

sûretê rontgên

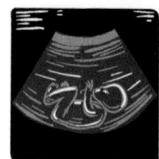

ultrasound

ûltrasawnd

face mask

maskê rûyê

disease

nexweşî

waiting room

oda sekinînê

crutch

goçan

plaster

şêl

bandage

paçê birînpêçanê

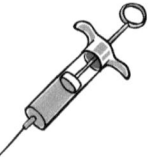

injection

derzî

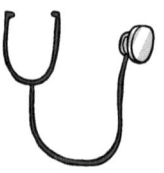

stethoscope

bîstoka pizîşkî

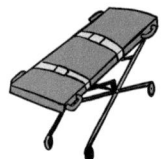

stretcher

darbest

clinical thermometer

têhnpîva klînîkê

birth

zayîn

overweight

qelew

hearing aid

alîkariya bihîstinê

disinfectant

bakterîkuj

infection

kotîbûn

virus

vîrûs

HIV / AIDS

HIV / AIDS

medicine

derman

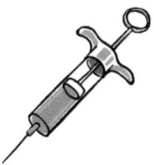

vaccination

kutan

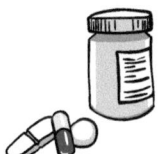

tablets

heban

pill

heb

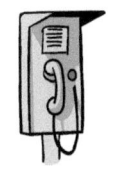

emergency call

lezgîn

blood pressure monitor

dîmenderê pesto xwîn

ill / healthy

nexweş / sax

Help!

Hewar!

alarm

alarm

assault

êrîş

attack

êrîşkirin

danger

talûk

emergency exit

derketina acil

Fire!

agir!

fire extinguisher

agir vemirandinê

accident

qeza

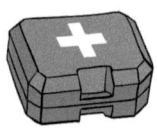

first-aid kit

aletên alîkariya yekem

SOS

SOS

police

polîs

76

Europe

Ewropa

North America

Amerîkaya Bakûr

South America

Amerîkaya Başûr

Africa

Afrîka

Asia

Asya

Australia

Awustralya

Atlantic

Atlantîk

Pacific

Okyanûsa Mezin

Indian Ocean

Okyanûsa Hindî

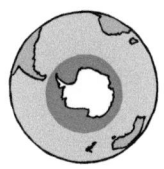

Antarctic Ocean

Okyanûsa Antarktîka

Arctic Ocean

Okyanûsa Arktîk

North pole

Cemsera Bakûr

South pole
Cemsera Başûr

Antarctica
Antarktîka

earth
erd

land
ax

sea
behir

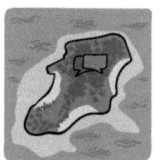

island
dûrge

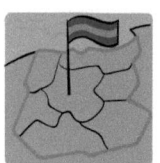

nation
milllet

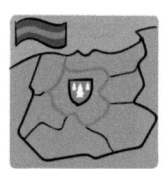

state
welat

clock face

rûyê saet

hour hand

nişanderka demjimêr

minute hand

nişanderka deqe

second hand

nişanderka saniye

What time is it?

Seet çende?

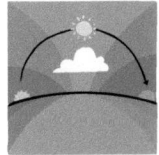

day

roj

time

dem

now

niha

digital watch

saetê dicîtal

minute

deqe

hour

seet

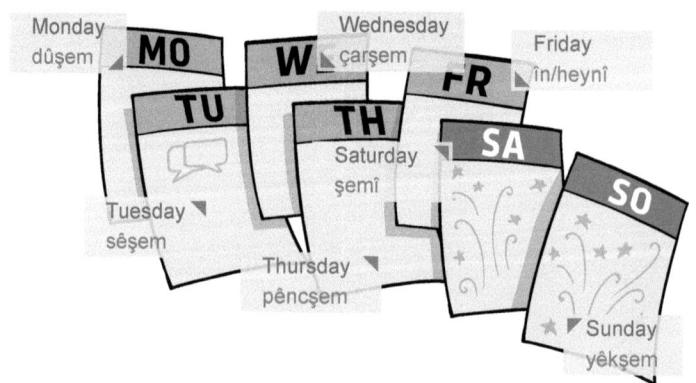

Monday dûşem
Wednesday çarşem
Friday în/heynî
Tuesday sêşem
Saturday şemî
Thursday pêncşem
Sunday yêkşem

yesterday

duh

today

îro

tomorrow

sibey

morning

sibe

noon

nîvro

evening

êvar

| MO | TU | WE | TH | FR | SA | SU |
|----|----|----|----|----|----|----|
| 1 | 2 | 3 | 4 | 5 | 6 | 7 |
| 8 | 9 | 10 | 11 | 12 | 13 | 14 |
| 15 | 16 | 17 | 18 | 19 | 20 | 21 |
| 22 | 23 | 24 | 25 | 26 | 27 | 28 |
| 29 | 30 | 31 | 1 | 2 | 3 | 4 |

workdays

rojên karê

| MO | TU | WE | TH | FR | SA | SU |
|----|----|----|----|----|----|----|
| 1 | 2 | 3 | 4 | 5 | 6 | 7 |
| 8 | 9 | 10 | 11 | 12 | 13 | 14 |
| 15 | 16 | 17 | 18 | 19 | 20 | 21 |
| 22 | 23 | 24 | 25 | 26 | 27 | 28 |
| 29 | 30 | 31 | 1 | 2 | 3 | 4 |

weekend

dawiya hefte

# year
# sal

rain
baran
spring
bihar
summer
havîn
wind
ba
fall
payîz
snow
befir
winter
zivistan

4.APRIL 11°
5.APRIL 4°
6.APRIL 13°
7.APRIL 8°
8.APRIL 10°

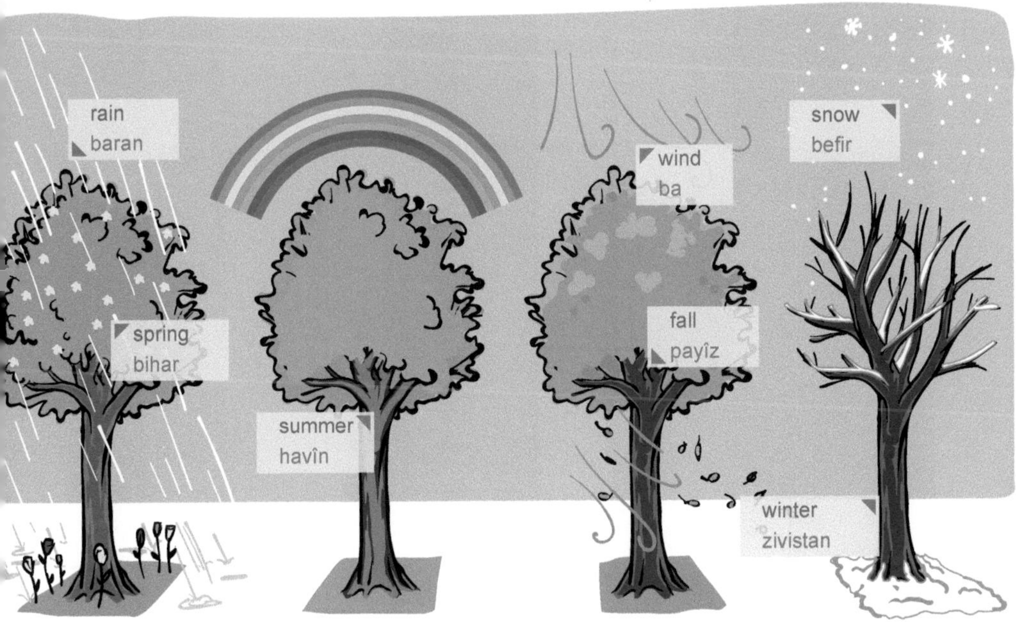

weather forecast

pêşbîniya hewa

F
C
120
90
60
30
0
-30
40
30
20
10
0
-10
-20

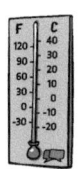

thermometer

tehnpîv

sunshine

tav

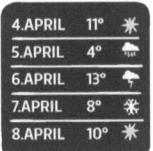

cloud

hewr

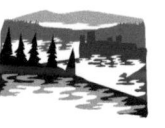

fog

mij

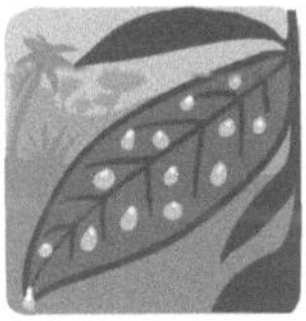

humidity

hêmî

lightning

birq

thunder

brûsk

storm

tofan

hail

terg

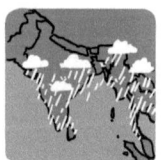

monsoon

mansûn

flood

lehî

ice

cemed

January

rêbendan

February

reşeme

March

newroz

April

gulan

May

cozerdan

June

pûşper

July

gelawêj

August

xermanan

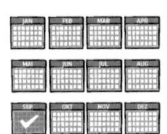

September
.................
rezber

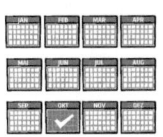

October
.................
kewçêr

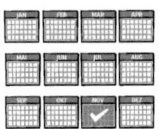

November
.................
sermawez

December
.................
befranbar

# shapes
## şêwe

circle
.................
çember

square
.................
çarçik

rectangle
.................
çarqozî

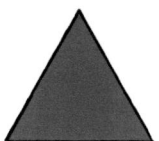

triangle
.................
sêqozî

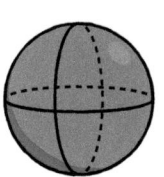

sphere
.................
qada

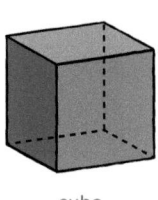

cube
.................
xiştek

white

sipî

yellow

zer

orange

pirteqalî

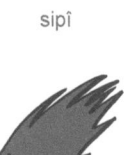

pink

pembe

red

sor

purple

mor

blue

şîn

green

kesik

brown

qehweyî

gray

gewr

black

reş

a lot / a little

zor / kêm

angry / calm

bi hêrs / bêdeng

beautiful / ugly

bedew / nerind

beginning / end

destpêk / dawî

big / small

mezin / biçûk

bright / dark

ronî / tarî

brother / sister

brak / xwişk

clean / dirty

pagij / girêj

complete / incomplete

tevî / netemam

day / night

roj / şev

dead / alive

mirî / zindî

wide / narrow

fire / teng

edible / inedible

xweş / nexweş

evil / kind

nebaş / baş

excited / bored

bi heyecan / aciz

fat / thin

qelew / zirav

first / last

yekemîn / dawîn

friend / enemy

heval / dijmin

full / empty

tijî / vala

hard / soft

req / nerm

heavy / light

giran / sivik

hunger / thirst

birçî / tînî

ill / healthy

nexweş / sax

illegal / legal

neqanûnî / qanûnî

intelligent / stupid

rewşenbîr / balûle

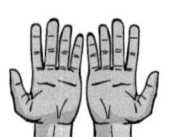

left / right

çep / rast

near / far

nêzî / dûr

**new / used**
nû / bikarhatî

**nothing / something**
hîç / tiştek

**old / young**
kal / ciwan

**on / off**
li / ji

**open / closed**
vekirî / girtî

**quiet / loud**
aram / dengbilind

**rich / poor**
dewlemend / reben

**right / wrong**
rast / şaş

**rough / smooth**
dirr / hilû

**sad / happy**
xemgîn / şa

**short / long**
kurt / dirêj

**slow / fast**
hêdî / zû

**wet / dry**
şil / ziwa

**warm / cool**
germ / hênik

**war / peace**
şerr / aşitî

opposites - beramberan

**0**

zero

sifir

**1**

one

yek

**2**

two

dû

**3**

three

sê

**4**

four

çar

**5**

five

pênc

**6**

six

şeş

**7**

seven

heft

**8**

eight

heşt

**9**

nine

neh

**10**

ten

deh

**11**

eleven

yazde

**12**

twelve

dazde

**13**

thirteen

sêzde

**14**

fourteen

çarde

**15**

fifteen

pazde

**16**

sixteen

şazde

**17**

seventeen

hefde

**18**

eighteen

hejde

**19**

nineteen

nozdeh

**20**

twenty

bîst

**100**

hundred

sed

**1.000**

thousand

hezar

**1.000.000**

million

milyon

# languages
## zimanan

English
Inglîzî

American English
Inglîziya Amerîkî

Chinese Mandarin
Çînî Mandarîn

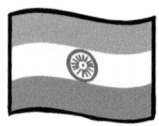

Hindi
Hindî

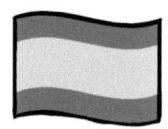

Spanish
Îspanyolî

French
Frensî

Arabic
Erebî

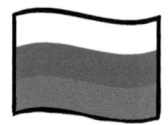

Russian
Rûsî

Portuguese
Portugalî

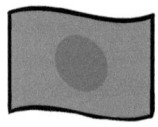

Bengali
Bengalî

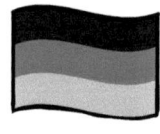

German
Elmanî

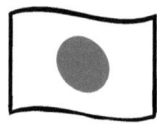

Japanese
Japonî

I

min

you

tu

he / she / it

ew / ev / ew

we

em

you

tu

they

ew

who?

kî?

what?

çi?

how?

çawa?

where?

kû?

when?

kengî?

name

nav

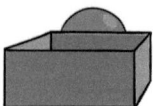

behind

piştî

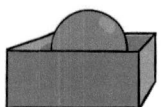

in

li

in front of

pêşî

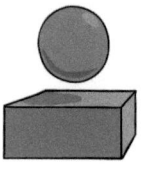

over

ser

on

ser

under

bin

beside

kêlek

between

navber

place

cih